JN412134

잿더미 위에서

명미령 시집

잿더미 위에서

도서출판 디자인21

시작글

학창 시절, 나는 줄곧 문학에 심취해 있었다.
시를 쓴다는 행위 자체가 좋았고, 아름다운 시와의
만남은 늘 설렘이었다.
비록 완성된 시를 쓰는 일은 어려웠지만,
좋은 시를 알아보는 '시안詩眼'만큼은 있다고
자부하던,
그야말로 발칙하고도 사랑스러운 시절이었다.

그러나 권위적인 아버지의 단호한 명령에 굴복해,
국문과 대신 간호대의 길을 택했다.
그 선택 이후,
나는 독서도, 시도,
그 어떤 사고 마저도 거부하며
스스로를 망가뜨리는 우스꽝스러운 반항의 시간을
보냈다.
그리하여 나의 글쓰기는
30년 넘는 긴 암흑기를 지나야 했다.

생의 절반을 무의미하게 흘려보낸 어느 날 —
2025년 12월 3일,
계엄 선포라는 거대한 현실을 목격하며
가슴 속 깊이 눌러두었던 생각들이 폭발했고,
그 순간, 잊고 있던 시의 갈망이 내 안에서
다시금 스멀스멀 피어올랐다.

이제 나는
그 잿더미 위에서 새로이 펜을 들려 한다.
늦었지만, 이토록 간절한 첫 인사를 —

차례

보물

나의 아가
동글동글한 얼굴에
맑은 이목구비.

네가 환하게 웃으면
이 어미의 심장은 두근두근.
그 순간 —
살아 있음의 기쁨이 온몸을 스친다.

너는 아마도
세상 근심을 잊게 하는
가장 맑은 명약이리라.

눈밭처럼 하얀 피부,
뽀송한 살내음.
그 향기에 이끌려
조심스레 손끝과 발끝에 입맞춤한다.

이젠 제법 말귀를 알아듣고
몇 마디씩 건네는 너,
정녕 꽃잎에 입이 달린 듯하다.

아가야,
히죽이 웃어라.

그 웃음이, 그 보조개가
내 하루를 빛나게 하고
내 삶을
아름다움으로 채워준다.

무언증

내가 머물 곳은
오직 하나,
밀실뿐이다.

사람들은 말한다 —
나의 허점과 나약함을.
사람들은 재촉한다 —
불안한 낯빛으로, 변명하라며.

나는 바보가 아니다.
그들의 중상과 모략,
스스로의 기발함에 도취된 찬사,
결국은 쾌재로 끝날 그 연극을
이미 예감하고 있다.

그래서 나는 지켜야 한다.
그들의 술책으로부터,
나 자신을.

침묵만이 감당할 수 있다.
그것만이 그들과의 단절을 허락하고,
나를 밀실에 가두어
안정과 여유를 선사한다.

그래,
나는 영원히
침묵할 것이다.

살인귀

법 없어도 살 사람이라 했다
세상에 마지막 남은 양심이라 했다
그 말들이 나를 덮던 시절이 있었다

철없던 나
그 찬사를 믿었다
겉치레를 믿으며
스스로 정의라 착각했다

그러나
세월은 묵직한 거울을 내밀었다
늙어가는 얼굴,
계산에 능한 손끝,
속물의 냄새가 배어드는 마음

이젠 안다
정도만을 고집하는 외곬수로는
살아남지 못한다는 걸

내 머릿속엔 실리가 계산되고
가슴속엔 승부가 출렁인다
그게 나를 조금씩
살인귀로 빚어가고 있음을 안다

하지만 이 세상은
선인에게 자리를 내주지 않는다

어머니

어머니의 눈 속엔
언제나 검은 커튼이 드리워져 있다

그 곱던 청춘에
어머니가 만난 건
가난과 아버지뿐이라며
늘 낮은 목소리로 말씀하신다

뿌리 없는 배를 저어
자잘한 파도와 맞서며
그렇게 흘러온 세월

뽀얗고 여린 손은
질긴 그물에 부딪혀
상처로 뒤덮였고
이젠 손금마저 지워졌다고
한숨 섞인 낯빛으로 말씀하신다

그래,
우린 결코 다 알지 못하리라

가난과 세월이 앗아간 젊음,
보상받지 못한 그 나날들,
너무 일찍 식어버린 청춘의 꿈과
부푼 가슴의 얼룩진 자락을

그 모든 것을 치유하지 않는 한
어머니의 눈을 가린
그 어두운 커튼은
끝내 걷히지 않으리

빈자소인貧者小人

한때는 믿었다
가난하면 저절로
사람도 작아진다고

공정의 문턱은 높고
기회는 멀리 있었으니
포기와 체념이
하루의 숨처럼 익숙했다

그래서,
소심은 죄가 아니라
살아남는 방식이라 여겼다

하지만 내란이 지난 뒤
세상을 호령하던 부자들,
그 기득의 무리들이
졸장부의 민낯을 드러냈다

그들은 악마에게서 돈을 얻고
그 대가로 머리와 가슴을 내주었다

생각은 멎고
양심은 저당 잡힌 채

상식은 무너졌고
답할 줄 모르는 자존만 남았다

측은지심도, 수오지심도,
시비지심도, 사양지심도
그 어디에도 보이지 않는다

그들은 이제
가슴 없는 송장,
썩은 부를 휘감은
무뇌의 허깨비들

그들의 향기는 사라지고
남은 것은 썩은내뿐

불면증

12월 3일 밤 이후
나는 왜 잠들지 못하나

시간은 묵묵히 흘러
한 해를 넘기려 하는데
머리는 아프고
가슴은 답답하다

사람들은 내게 말한다
"내란몰이, 이제 그만해라"
"뉴스 좀 끊어, 스트레스만 받잖아"

그날 이후
나만큼 이 나라를 걱정하던 얼굴들이
이젠 보이지 않는다

주식창을 들여다보며 웃는 사람들,
해외여행 계획에 설레는 사람들,
사소한 이야기로 저녁을 채우는 사람들—

나는 불의에 참을 수 없는 분노로
긴 한숨을 삼키며
하루를 견딘다

진실은 아직도 물타기 속에 잠기고
나는 그 계엄의 기억 속에
혼자 갇혀 있다

자고 싶다
편안한 마음으로
쉬고 싶다
남들처럼, 그들처럼

슬럼프

어느 날 문득 깨닫겠지
이것이 제 논의 역설,
아킬레스와 거북이의 경주라는 걸

순간 좌절하겠지
아무리 달려도 닿을 수 없는 결론
잡으려 해도
손끝에서 흩어지는 것들

그건 꿈인가, 희망인가
아니면 그냥
버티기 위한 습관인가

순간순간 치밀어 오르는 분노
그건 누구를 향한 원망도,
지금의 부정도 아니었다

단지 살아 있기 위한
한 번의 심호흡,
다시 달리기 위한

숨 고르기일 뿐

내일이 있기에
우린 또다시 속고 산다

평범한 사람들,
속으로 꼭꼭 숨어야
하루를 견딜 수 있다면

그것이 진실이라면
그 진실조차
안고 살아가야겠지

향수

내 몸에서
쾌쾌하게 묻어나는 건
찌든 일상의 냄새,
다시 들춰 보기엔 속이 뒤집히는
아픈 기억의 피고름 냄새,
고리타분하고 지루한 세월의 냄새.

그 텁텁한 내음이 싫다.
계속 따라붙는
그 모든 의미들이 싫다.
군데군데 보기 싫은 내 모습들이 싫다.
향수를 마구 뿌려대지만—

그래도 그건 내 기억,
그래도 내 삶.
그러니 어쩌겠느냐.
네가 바라는 건
기를 써도 바꿀 수 없는 허상일 뿐,
그럴수록 안타까운 몸부림일 뿐.

독한 향료와 알코올로 얻을 수 있는 건
종일 진절머리 나는 두통,
몸서리치며 괴로워하는 내 육신에게
한 줌의 미안함도 없이
그저 뿌려대지만—

향수는
잠시 내 삶의 냄새를 감춰줄 뿐,
전부를 바꿔주진 못한다.

슬픈 현실,
아침마다 향수를 곱게 바르는 나.
어리석은 노력,
그것은 깨달을수록
더 슬픈 진실.

낙서장에서

행복한 기억은
백사장의 모래알 같다
바람 한 줄기에도
흩어지고 만다

아픈 기억은
화석처럼 굳어
지워지지 않는다

사랑은
행복을 만드는 일보다
아픔을 만들지 않는 일임을
뒤늦게 배운다

행복한 기억은
잠시 스쳐가는 꿈,
아픈 기억은
끝내 깨어보는 현실

그래서 우리는
꿈을 그리워하며
현실을 견딘다

리셋

만약 내게 리셋 버튼이 있다면
서른 이전의 시간으로 돌아가고 싶다.
그 시절, 숙제처럼 꿰매어 넣은 결혼 대신
하늘빛 젊음을 입고
열정의 다른 길을 걷고 싶다.

바람이 광장의 깃발을 흔들때
나는 한 사람의 국민으로서
작은 불씨 하나 들고 싶다.
과거의 손이 미래를 끌어안는
그 감동의 순간을 내 손으로 만들고 싶다.

무심한 눈길들 사이에서
도둑처럼 웃는 자들이
머물 수 없는 세상,
그런 세상을 꿈꾸고 싶다.

그리고,

그럴 수 없다면—

나는 나직히 말하겠다.

아니올시다.

부정

낙엽이 슬픈 계절,
기억의 이끌림에 잠시 넋을 놓는다.
대수롭지 않던 것들에 자꾸 시선이 머무는 건
저기 붉게 물든 단풍 때문,
이곳 포트에서 뜨겁게 끓어오르는 물소리 때문.

쌀쌀한 외로움이 스미는 계절,
백지 위에 너의 이름 석 자를 자꾸 새기는 건
옷깃을 여미며 의미 없이 걷는 건
빛이 너무 쉽게 지고
밤이 너무 쉽게 오는 탓이다.

공허한 가슴을
꼬옥 끌어안고 몸서리치는 건
아직 남은 미련일 뿐,
나는 아니다.

작은 바람결에도 흔들리는 건
초라한 내 그림자일 뿐,
진정,
나는 아니다.

그리움

문득문득
그리워라
보이지 않는 너의 형상

비가 오는가 싶더니 네가 오고
바람이 이는가 싶더니 또 네가 온다

그렇듯 너를 향한 마음은
비에 젖고 바람에 흩날려 온다

왠일일까
괜스레 시려오는 것은

가슴 속 여기저기 박혀 있던
추억의 파편들이
다시 나를 아리게 하는 탓일까

이것이,
아쉬움에 지쳐 서러워하는
그리움이란 것일까

낙엽

먼 과거로부터
나목의 목마름을 안고
인성이 불어온다

속세를 떠나 산에 묻혀 살던
은사들의 고귀한 덕량을 실은
임하풍의 숨결이 불어온다

한결 거센 바람에 쫓기어
내, 죽어 다시 태어난다면
청출어람의 경이를 누리리라 다짐하던
수줍은 듯 붉어오르던 그 잎새

이제는 회갈색 재로 흩어져
내 마음 한켠에 남아
다만
기울어가는 인생의 뒤안길에서
불안스레 헤매이는
하나의 그림자로 남는다

비애

오늘도 어김없이
저 동녘 은하수에
직녀성은 우는가

슬픈 아리아처럼
당신은,
무덤가 곱게 핀 창포꽃잎 위에
이름 없이 지저귀는 풀벌레여라

외딴 섬, 그믐밤에도
몸부림치듯 흔들리는 당신은
저녁놀 진 하늘가에서
소리 없이 울부짖는 바람이었구나

밤하늘의 별들은 총총히 웃고
저 들판의 외로움은
집비둘기가 달래 주건만

그래도 당신은
끝내, 홀로 고독하여라

뿌리

창백한 달마저 잠든 밤,
등불 하나 켜지지 않은
검은 길을 가르며 달린다

가고, 또 가고,
쉼 없이 걸어가는
끝을 찾는 이방인

그 희디흰 다리 사이로
방울방울 흐르는 물줄기,
그 소리에 맞춰
의지는 더 단단히 살아난다.

목련

한 계절을 견뎌온 정원의 수호자,
눈에 익을 만큼 익은 나무 줄기.

끝내 동풍을 이기고
이제야 크게 몸을 켜 올린다.

나는 말한다,
"아직은 이르다. 찬 기운이 남았구나."
그러나 목련은 듣지 못한 듯,

우유빛 꽃잎을 성큼 피워 올린다.
잎보다 먼저, 봄을 먼저 믿는
그 순정한 용기 하나로.

명상

내 마음은 지금
철 지난 외투 자락처럼 초라하고
구멍 난 양말처럼 쑥스럽다

내 마음은 지금
풀어진 머리칼처럼 스산하고
풀숲 속 길 잃은 오발탄처럼
어딘가 불안하다

그저, 꿈꾸듯이
아무 일 없이
조용히 행복하고 싶다

내 마음은 지금
하늘을 향해
가쁜 숨처럼
작은 꿈 하나를 날려 보낸다

아—

오늘은 아름다워라

이렇게 살아 있음이,

이토록 기쁜 날이

희나리

희뿌연 연기 속에서
부끄럽게 피어오르는 불꽃 하나

지나간 추억의 미련이 남아
나약한 걸음을 되짚는다

토닥, 토닥
자신을 다그치는 채찍질 끝에
눈물이 핀다

그리하여
내 눈가의 상처는
오늘도, 더 깊어진다

반란

소나무 한 그루,
무뚝뚝한 바위 하나조차 놓이지 않은
그런 민둥산조차
갑갑하게 느껴지던 때가 있었다

한 치 앞도
가늠하지 못할 만큼
짙은 안개가 낀 세상조차
어지럽게만 보이던 때가 있었다

이곳저곳에서
희희낙락, 넉살 좋게 웃어대는
사람들의 얼굴조차
비위 상할 만큼 불편하던 때가 있었다

마음 어느 모퉁이에도
쉬어 갈 평온이 없던
나에게도
그런 반란의 시절이 있었다

촛불을 켜고

이제 그만,
그 서러운 울음을 거두어라.

운명의 여신이 비록 너를 탐할지라도
나는 끝내 너를 지켜주리라.

오랜 흐느낌 속에
야위어버린 네 눈가 —
그 위에 파리하게 내려앉은 내 마음을 보라.

한때,
라벤나의 밤을 환히 밝히던 너의 빛이
이제 여명의 새벽을 향해 달려간다.

이제 그만,
그 서러운 울음을 거두어라.

우리 함께 노래하자.
긴 침묵을 깨고
영롱히 내 귓가에 맺히는

너의 생의 노래를 들려다오.

내 노래는 하늘로 오르고,
네 노래는 내 가슴에 스며든다.

하늘은 분명,
너의 생을 찬양하리니 —
이제 그만,
그 서러운 울음을 거두어라.

이슬

언제나 이른 아침
비너스 별을 보며
영글대로 영글은 그속에선
작게 용솟음치는 아름다움 하나

때구르르 구르다 주루룩 똑
다시 맺히는 인내의 방울처럼
동그랗게 동그랗게 빚어진 소리 방울로
푸르른 잎새진한 빛을
속속들이 채워 담고는
영롱한 기운으로
구르며
구르며
광활한 새벽녘
밤의 이야기를 터트리는

서럽게도 아름다운
나의 이슬아

연연히 피어 오르는 아침 바람에
너의 이름은 저렇게도

또
아름다운것

우울 에피소드

또
시작이다.

진통제를 무용지물로 만드는
24시간 지속성 편두통.

즐거운 상상 —
보잘것없는 기분 전환용 자기암시,
우울을 부추기는 추임새.

내 눈은 이미 고장난 수도꼭지,
쉴 새 없이 쏟아지는 눈물.
잠그다 잠그다
이젠 꼭지 떨어진 수도대만 남았다.

이유도 없이
짓눌려 무너지는 가슴,
자리마다 아리아리한 통증.

나는 길 잃은 짐승 새끼,
가시밭길을 구르며 포효한다.

우울의 파장은 집안 곳곳으로 튀고,
누수는 벽과 바닥으로 스며든다.
자꾸만 땅속으로 빠져든다,
아주 깊숙이.

암반수에 젖은 몸을 하고
눈을 떠보면,
남아 있는 나는
허무의 빛을 띤 허탈한 잔영.

시계의 초침 소리가 귀에 거슬리고,
가구의 얼룩이 눈에 밟힌다.
거울 속 나를 본다 —
그저 낯선 그림자 하나.

겨울 바람

죽어서야 고쳐질까
그 지독한 역마살과 바람기.

빈 지갑이 더는 구실이 못 된다면,
한번씩 기어들던 네 아비처럼
매년 겨울 끝자락,
옹색한 단칸방의
커튼 없는 창틈으로
흐물흐물 스며드는 것이
영락없이 네 아비로구나.

덜 여문 가슴으로 품었다고
사랑이 모자랐던가.
옛 정이라 말하지 마라.
이제 와 넌,
묵은 코트의 보풀처럼
떨궈내고 싶은 기억일 뿐이다.

그리하여 너는,
쌕쌕거리며 부대끼는

한 살배기 딸아이의 천식 같은 숨결을 낳고,
그 곁에서 잠 못 드는
모성을 낳는구나.

주인집 영감,
터줏대감 노릇도 지겹지 않은지
기 세운 헛기침과 가래 뱉는 소리가
또 떠나면 기약 없는
네 모진 마음 같구나.

역전 앞 노점상,
때 놓친 식사.
눈꽃마저 씹히는 식은 도시락을
게걸스레 삼키는
그 가난하디 가난한 식성이,
길고 긴,
질기디 질긴,
꼭 이놈의 인연인 것만 같다.

겨울 바람은
그렇게,
네 아비를 닮아
시린 가슴만 다시 얼리고 있다.

짝사랑

줄곧 물었다.
네 마음을.
내내 궁금했다.
내가 왜 그걸 묻고 있는지.

내 안에서
미적미적 떠나지 않는 허튼 욕심은
열정의 조각을 갉아 먹는 좀벌레.
잡아도 잡아도
어느 후미진 구석에서 기어 나오는,
구역질 나게 명줄을 잇는 바퀴벌레처럼
날 단단히 가둬 놓는 독방.

무지한 미련은 버리자.
상처는 과감히 도려내자.
상처는 오래 둘수록
남은 가슴에도 구더기를 부르고,
얼룩 얼룩 곰팡이를 피우며
구린내를 퍼뜨리는 것.

세월이 약이려니 —
가물가물,
내 기억이 너를 놓아줄 때,
상처는 조용히 아물겠지.

고통은 촛불처럼
서서히 사그라지고,
그 자리에 남는 건
희미한 흉터 하나뿐이겠지.

할미꽃

어김없이,
동 트기 전 새벽녘,
부시시 야윈 유령처럼 일어나
닳아 해진 저고리에
물 빠진 낡은 치마를 주섬주섬 걸쳐 입는다.

칠십, 팔십 해를 구부러져 살아온 몸뚱이를
지칠 줄 모르는 입김으로 녹이며
도탄에 빠진 듯, 매양 쳇바퀴 돌리는
또 하루를 시작한다.

금이야 옥이야
애지중지 키운 자식들은 날 홀대하고,
손자놈은 내 다가가기만 해도
울음보를 터뜨리니 —

어이할꼬, 어이할꼬,
서러워서 어이할꼬.

망령도 아닐진데
여기저기서 들려오는 소곤거림, 희희덕거림.
어이할꼬, 어이할꼬,
서러워서 어이할꼬.

어린애처럼 늙어가는
내 모습이 미워서,
허리까지 구부정구부정,
한없이 외롭다.

그렇게,
회한의 그늘에 사는 할미는
돌아누운 자리의 낡은 이불자락을
쩍쩍 갈라진 손으로
가만가만 매만져 준다.

스스로 짓뭉개 버린
미천한 몸의 굽이굽이를
이제야 풀어놓는 회심곡으로,
날 새는 줄도 모른다.

고목

그대가 고목인들,
혹은 썩은 나무 등걸인들 —
이젠 아무 상관없는 일이오.

그대는 여전히 건장하고,
녹음 짙은 이성으로
신선한 웃음을 흘리며,
내 붉어진 낯빛을 감추게 하는
청춘일 뿐이오.

보이는 것이 전부가 아니듯,
우리가 기억하는 것 또한
그 누구도 흉내낼 수 없는
한 편의 파노라마.

늘 그 자리에서,
돌려보고 또 돌려보아도
지루하지 않고,
싫증 나지 않는
아름다운 영화 같소.

죽음만이 우리를 갈라놓으리라.
가슴팍에 단단히 새겨진,
이미 화석이 된 내 심장도,
그대의 심연 속에 가둬 둔 내 사랑도 —

애써 외면하기엔
너무나 태연한 진실,
너무도 사랑하는 진실이오.

섬

목이 마르다.
태양이 작열하는 이 시간이면
더욱더 목이 마르다.

강렬한 볕이 수년을 때려도
한 번도 자신을 위해
파라솔 하나 들지 않은 그 오만,
그저 알몸으로 누워
태양을 품은 그 나태함 —

오늘은 가슴마저 바짝 말라간다.

태양이 빚은
구리빛 살갗을 보라.
검푸르게 그을린 등허리를 보라.

그리고 지금,
그 등마루 위를
거침없이 달려가는 짐승을 보라.

그것은 나다.

음영陰影

혐오는 음의 욕구,
증오는 음의 애착,
추모는 음의 아름다움,
악평은 음의 명성.

너는 이제
이 모든 것을 가져도 좋다.
그 속에 머물러도 좋다.

수많은 음의 그림자에
번민을 느끼던 스탕달도
이젠 가고 없다.

음과 음이 곱해져
양을 이루듯,
가난과 가난이 겹쳐
이상을 낳을 수 있을까.

그러나,
너는 이제 풍요를 누려도 좋다.
그 모든 자유를 누려도 좋다.

바람둥이 벌새

꽃을 볼 때의 너의 눈은
묘한 광채로 번득이고
강렬한 살기가 스쳤다.

그 꽃이
아름답든,
향기롭든,
소박하든,
순결하든 —
그저 꽃이면 좋았다.

하루에도 수십 번,
스치는 꽃마다 정을 주고,
피는 꽃마다 혹해 따라나서는 너였다.

너는 은근함을 몰랐다.
너는 일편단심이란 걸 몰랐다.
그리고,
너는 내가 너를 사랑했다는 것도 몰랐다.

백치

백태 앓은 내 눈 속엔
이제 더 이상
아무런 상도 맺히지 않고
그 어떤 윤곽이나 색채도 들어오지 않는다

모든 형상들은
내 눈 속으로 들어오기도 전에
빛과 함께 부서져 버리는 까닭일까

머지않아
내 기억의 회로마저 병들고
추억의 잊힘이 시작될 것이다

그리고는
내 망각하는 머리가
내 존재마저 지워 버릴 것이다

두렵다 —
아니,
아직은 두렵지 않다

낙화

이것은
금만가의 몰락

붙들어도
붙들어도

끝내
져버리는
태양이여
태양이여

스토커… 그 비열한 이름

어느 날 부터인가
광대뼈가 도드라진 흉칙한 몰골로
실실, 엇박자 웃음을 쪼개며
나를 피 말리게 하던 놈.
내 일거수일투족을 감시하며
시간과 장소를 가리지 않고
어디서나 그림자처럼 나타나던 놈.

허물 벗은 배암처럼
혀를 낼름대며
흉흉한 말들을 쏟아내고
내 인생을 한순간 나락으로 떨구어 놓은 그 놈.

더 가슴 아팠던 건
그 미친 놈의 짓보다도
그 거짓말에 들썩이던 사람들,
귀 얇은 소인배들 때문이었다.
가족도, 친구도, 직장도—
모두가 등을 돌릴 때
마지막 희망이던 내 나라마저

출두한 경찰의 말로는 통과 안 된 법 타령,
그리고 "증거, 증거, 증거"뿐.
내가 살아 있음으로 그만이라는 듯,
마치 상해를 당하지 않아 아쉽다는 듯.

이 시간, 지금 어디에서
당신의 딸이, 당신의 누이가
이 땅의 더러운 창자 속 기생충 같은 놈들 때문에
서서히 피 말라 죽어가고 있지는 않은가.

모월 모일,
스토커의 횡포로 가엾은 영혼이
이 나라의 무관심과 소극적 대처 속에서
그 미친 개의 손에 처참히 죽음을 당했다.
신문과 뉴스는 하루의 기삿거리였을 것이다.
나는 피를 토했고, 그리고 시작했다—
광장의 1인 시위를.

여러분, 스토커를 아시나요?
스토킹은 범죄입니다.

목이 갈라져도 눈시울이 붉어져도

핏대 세워 조롱하는 소리들—
"그러게, 행실을 똑바로 했으면."
유명 연예인이 스토커로 고생할 때도
악플은 늘 있었다.
앞뒤 재는 재봉사도 아닌 것이
남 얘긴 그렇게 쉽게 웃으며 떠들었다.

어이, 당신! 거기, 아저씨·아줌마!
일상의 평화를 잃었을 때를 상상해 보셨나요?
북적이던 시장을 좋아하던 내가
사람들 그림자에 움츠러들고
담벼락 하나, 길모퉁이 하나가 두려운 마음을 아시나요?

대인기피증, 광장공포증—
그 비열한 이름, 스토커.
하루에도 그놈을 없애는 상상을 백 번 하며
이 놈의 지랄 같은 시간을 견뎌야 한다.
그러나 죽일 수 없는 것,
더 지랄 같은 이 세상

행복

나에게 행복은
너무나 소소한 일상.

비 개인 창가에 앉아
막 내린 커피 한 잔을 마신다.
그 향은 깊은 들숨으로,
그 온도는 두 손으로
온전히 누리며.

창밖 풍경에 잠시 멍해질 수 있는 것,
빗방울 맺힌 청초한 초록 잎새들,
전선 끝에 매달린 물방울이
고개를 까딱이며
내 눈 속으로 떨어지고,

어디선가 풀꽃 내음이
살짝 스며드는 작은 바람에 실려와
내 심장을 간지럽힌다.

그러면 자연스레
눈이 감기고,
마법처럼
어린 시절 즐겨 듣던
비치보이즈의 코코모,
수잔 잭슨의 에버그린이
머릿속에서 재생된다.

행복이란,
이렇게 순간이고 찰나가 아니던가.

보통내기

요즘 말하는
'보통'의 기준이란 게 있지

해마다 한 번쯤 해외여행을 다니고
명품 하나쯤은 갖고
주식 계좌 하나쯤은 굴리며
인스타그램에 저녁 노을을 올리는 사람

그런 게 요즘의
보통이라 한다

하지만 나는
그 '보통'에도 닿지 못한 사람

여권은 유효기간이 다 지나고
명품 대신 낡은 신발을 신고
주식보다 오늘 한 끼가 더 급하고
노을은 눈으로만 담는다

그저, 그렇게 살아가는 나는
요즘 세상 기준으로는
보통내기도 못 되는 사람인가 보다

실수

사랑에 굶주렸을때
난 생각했지
그놈의 것
눈에 보이기만 보여봐라
내 닥치는대로 먹어 주리라

그러나

많은 사랑을 집어 삼킨후
난 깨달았다
사랑의 굶주림 보다도
사랑의 과식이 더한 괴로움인것을

하모니카

이것은 갈대의 노래,
부들의 흐느낌,
가을 들녘을 스치는 바람이
코스모스를 살랑살랑 춤추게 하는 소리.

울 할배의 하모니카는
언제나 눈을 감은 채 시작되고,
눈을 뜨면 끝이 난다.

늘 같은 곡, 고향의 봄.
지겹지도 않을까 싶지만,
아마도 그 순간
할배는 멀리 고향에 다녀오시는 게다.

가시덤불

죄짓고는 못 살 데가
순진하고는 더더욱 못 살 데가
이 세상입디다

가는 마당에 입바른 소리 한다고
요망한 늙은이라 나무라진 맙소
무에 그리 대수겠습니까

젊은 혈기 짓궂던 시절이야
이젠 죄다 잊혔으리라
하물며 이리도 앙상히 마른 늙은이를
누가 또 어찌하겠습니까

의기양양 덤벼든 세상은
참으로 몰인정하고 야박합디다

허가받지 못한 삶이라 하여
그리도 고약스레 박해하더니
끝끝내 내 핏줄마저 떼어놓으니
참으로 눈 감으면 죽은 목숨입디다

모난 돌이 정 맞듯
한 톨의 여유로움조차 시기가 되고
한 줌의 행복감조차
저주로 돌아오는 그런 세상입니다

날개

푸르른 베이지빛 상투틀은 저 하늘 속에,
오늘은 산들바람,
내일은 광기의 미로.

뿌연 새벽 안개 사이로
차갑게 스쳐가는 밤의 의미들.
그 속에서 힘 있게 퍼덕이는 날개짓—
어떤 자극이 그를 새롭게 만드는가.

창공을 향한 그의 비상은
촉촉이 젖어드는,
그만의 이데올로기.

점잖으면서도 사랑스러운,
짧고도 긴 욕망의 파문.

그에게 있어 안일이란
결코 존재하지 않으리라.
우리 눈에 비친 그의 안일은
사실 평온이다.

자유로움이 발산하는 행복의 날갯짓,
그것은 축복받은 생의 의미,
그리고 진리다.

구름 따라 낙엽이

가을날,
맑은 물길 위를
선한 마음을 지닌 탁발승의 옷자락이
고요히 흘러간다.

때때로
낡은 짚신 한 짝이 벗겨져
가을 바람에 실려오면,

나는 얼른 주워 들고
내 슬픔인 양, 아픔이 된다.

지금쯤
사념 없는 걸음으로
저만치 멀어졌을
스님의 상한 발을
까마귀 먼저 보고
꺼이, 꺼이 아파 울겠지.

착각

분명 꿈은 아닐진데,
눈만 뜨면 깨이는 건
무슨 조화입니까.

그건,
그대의 마음을
어설프게 받은 까닭입니다.

이리도
몇 곱절로 더 아픈 건

밤바다, 빈 풍경 —

저녁노을이 이글거리며 잠들고
붉은 잔해를 단숨에 삼킨 바다는
곧 어둠을 토해냅니다.

그 시절, 음유시인처럼
바람에 흩어지던 마도로스의 노래
만선의 뱃머리를 끌던 거친 손길도
짙푸른 물결 속으로
조용히 사라졌지요.

지금의 바다는
검은 외로움으로 꿈틀거리며
고독한 이야기만 흘려보냅니다.

가끔 술 취한 게들이
밤의 적막을 깨고
날렵한 새들이 속도를 내어
어둠 속으로 사라질 때,
깊은 밤, 아무것도 보이지 않는 바다에
작은 흔적만 남습니다.

밀물이 남긴 상처를
썰물은 다 씻어내지 못하듯
흩어진 기억 사이로
서럽게 울부짖는 당신.

하얀 새벽까지
외로움의 긴 선을 그으며
그 모든 움직임과 여운을 담은 채
바다는 묵묵히 서 있습니다.

조화

난 네가 좋다
한번 내 안에 들이면
넌 평온과 안정을 준다

풍수지리 들먹이며
가십으로 널 억까하는 이들아,
그들은 모른다
넌 죽은 꽃이 아니라
내 안에서 여전히 피어 있는 꽃임을

향기가 없다고 꽃이 아니던가
지나가는 향 대신
넌 오래 머무는 아름다움을 가졌다

남루해도 비루하지 않고
차가운 시선에도 꺾이지 않으며
인공 같되 인위하지 않은
그 고요한 자태

나는 그런 너를,

그런 자신감을

마음 깊이

사랑한다

휴게소

수많은 이들이
각자의 이유로
도로 위로 쏟아진다

급한 용무,
가족의 경조사,
가끔은 마음의 충전소를 찾아서

누구나 한 번쯤은 머무르지만
이곳에 오래 남는 이는 없다

커피 향에 섞인
짧은 대화 몇 줄
햇빛에 바랜 벤치 하나

찾을 땐 다급하고 반갑지만
머지않아 다시
각자의 길로 흩어진다

휴게소는

오늘도 스쳐간 이름들을 기억하며

외로이 불을 밝힌다

여행

거울 속 내 모습을 본다
언제부터였을까
삶의 빚에 허덕이며
일 위에 또 일을 얹고
전쟁 같은 하루를 반복해온 건

나에게 여행이란
어느 낯선 이의 블로그 속 풍경일 뿐
항상 '예약 가능한' 미래는 아니었다
그것은 늘
언젠가라는 이름의 먼 약속
간절한 희망고문에 지나지 않았다

그래서 나는 오늘도
고단한 하루 끝에
잠시 마음의 캐리어를 열어본다
아직 포장하지 못한 꿈 하나
그 안에 넣어두며 —
언젠가, 진짜 여행을 떠날 나를 기다린다

이명

나는 특별하다.
고요가 깊어질수록
그 적막은 내게 가장 잔혹한 소리를 낸다.
보이지 않는 쇠의 울림이
신경의 미로를 타고
뇌의 벽을 두드린다.

그 누구도 모르는
내 안의 세계.
그 누구도 듣지 못하는
내 내면의 전류음.
그것은 하나의 스위치가 되어
내 생의 리듬을 제멋대로 조율한다.

그래서 나는 오늘도
세상의 고요를 피해
도시의 소음 속으로 걸어 들어간다.
역설처럼,
타인의 소음만이
내 고통을 잠시나마 잠재운다.

일그러진 자화상

나는 웃음이 없다.
아니,
나는 웃을수 없는 인간이다.

카메라 앞에서 "김치"를 외치던 시절이 있었다.
그 말은 웃음을 강요하는 주문 같았다.
지금의 나는
그 주문이 통하지 않는 세계에 혼자 살고 있다.

웃음이 사라진 자리엔
주름과 고집이 눌어붙어
얼굴이 서서히 굳어간다.
억지로 입꼬리를 들어 올려도
단단히 굳은 근육은 꿈쩍하지 않는다.

거울 속 나는
점점 낯설고, 점점 섬뜩하다.
이것이 나의 자화상 —
일그러진, 슬픈 자화상
그러나 분명한 나.

어느 날
오래된 사진첩을 열었다.
아뿔사.
젊은 내가 웃고 있었다.
그때의 나는,
웃을 수 있는 인간이었다.

상실

인간으로서
그럴 수가 있는가

어린 시절
수업시간에 들었던 그 말이
지금 와서
낯설게 되살아난다

지금껏 세상을 잠식해 온
미완의 존재들
불완전한 인간들이
드디어 그 본색을 드러냈다

정의의 저울은
그들의 손아귀에 들어 있었고
그들은
이익의 자로 선을 그었다
불법의 경계는
그들의 입맛대로 흔들렸으니
양심 따위,

이미 오래전에 잃은 자들이다

인간이 미완이라서,
신이 아니라서라며
그들은 자신을 합리화한다

하지만 나는 묻는다
인과응보란 무엇인가
정말로
하늘만이 그들을 벌할 수 있단 말인가

이사

어린 시절
이삿짐차가 보이면
나는 떠나는 사람들의 표정을 바라보았다.

그 얼굴들에 스친
희미한 감정들을 추리하는 일은
내겐 작은 즐거움이었다.

어디로 가는지 알 수 없어도
느낌만으로 그 집의 크기와
살림의 결을 짐작할 수 있었으니
그건 꽤 신통한 재주였다.

세월이 흘러
이제 나는 이삿짐차가 보이면
살며시 고개를 돌린다.

이사할 때마다
누군가 나를 보았을
그 순간의 표정이

너무도 초라했음이

분명하기에.

나는 자연인이다

쉬는 날이면
습관처럼 누워
TV를 켜고 한 채널에 고정했다.

속세를 등지고
자연에서 사는 그들의
자유로움이
찌든 나를 매료시키기에 충분했다.

언젠가는
나도 그들처럼 살겠노라 다짐하고
공부를 시작했다.

약초와 독초를 구분하고,
물길 따라 집을 앉히는 법,
추위와 더위를 피하는 요령까지.

하지만
내 몸은 내 뜻대로
움직여 주지 않았다.

잔디, 이삭, 갈대 —
그 모든 것에 알레르기를 일으키는
나는 철저한 도시인이었다.

하늘도 무심하지.
그 오랜 자연인의 꿈은
산산이 부서져버렸다.

참으로 웃픈 현실
그래도 조금은
살고 싶은 마음이었다.

무관심과 무의미

무감동으로 바라본 풍경,
그곳엔 이름만 남았다.
아무도 의미를 붙여주지 않는다.

바다에 떠 있는 부표 하나,
멀리선 쓰레기처럼 보였고
닻을 내리는 일도, 올리는 일도
이젠 아무 차이 없다.

깊은 밤, 등대 불빛이 반짝인다.
그저 — 이쁘다,
그뿐이다.

익숙한 눈길 속,
호기심은 닳아 없어지고

무관심이 만든 무의미,
그 안에
내가 던져둔 세상들이
허공처럼 부유한다.

가뭄

땡볕 불볕 마흔일이면
남의 무덤까지 파헤치는 세상

동네 방죽은 벌써 말라
바닥이 드러나고
논바닥은 쩍쩍 갈라져
늙은 거북이 등껍질 같구먼

으짜까이,
으짜까이—

약속도 없이 모여든 노인들
마을 마지막 그늘 아래
삼삼오오 둘러앉는다

가뭄으로 망친 농사,

나 살 걱정보다
내 새끼 입속 걱정에
근심 마를 날 없구나

어느 중독자의 일기

나는 알코올 중독자다
시쳇말로, 구제불능이다

너무 오래
'중독자'라는 꼬리표를 달고 살아
이젠 그 시작의 기억조차
희미해져 버렸다

팔순의 어머니
굽은 허리, 절뚝거리는 다리로
오늘도 병원에 있는
아들 담배값을 벌기 위해
니어카를 끈다

나는 알코올 중독자다
시쳇말로, 인간 말종이다

이번에는, 이번에는
반드시 끊겠다고
백 번 천 번 다짐하지만

세상으로의 외출은 언제나
나를 시험하고
나는 또다시 미친 개처럼
앙앙거리며 병원으로 끌려 들어온다

하늘은 여전히 푸르고
녹음은 여전히 짙은데
나는 여전히
불치의 병자다

부정한 여인

왼손이 하는 일을
오른손이 모르게 하라 했던가
그녀는 그 말을
침묵의 미덕이라 믿었다

어린 시절부터
그 어미에게서 배운 건
사람을 가늠하는 저울이었다
때로는 부의 무게로,
때로는 권력의 무게로
그에 맞는 이를 곁에 두는 법

염주알처럼 엮인 세월 속에서
거짓은 진심의 옷을 입고
사리사욕은 신앙처럼 굳어갔다

사람들이
그녀의 껍질을 벗기기 시작했다
말로 파헤치고,
손으로 파헤치다,

이제는 트럭으로 실어 나른다

그녀는 이제
스스로 세운 유리벽 안에서
비로소 본다
자신의 얼굴이
그 투명한 벽에 반사되어
천 개의 거울처럼
자신을 고발하고 있음을

시는 시일뿐

나에게 시란
말로 다 풀지 못한
응어리진 감정의
해우소 같은 것

어떤 이는 말한다
맑은 감동으로
긴 여운을 주는
그런 시가 좋다고

어두운 시를 읽으면
감정이 흔들려
힘들어진다며 고개를 젓는다

하지만 나는 안다
상업 영화가 극장을 가득 메워도
묵묵히 독립영화를 만드는 이들이 있음을

누군가에게
조금은 어두운 시라도

조금은 불편한 시라도
나는 계속 써 내려갈 것이다

시는
그저 시일뿐 이니까

생각의 뿌리

오늘은 뿌리를 생각한다

나의 뿌리는
아버지, 어머니
할아버지, 할머니
그 윗대로 거슬러 올라가면
본적의 몇 파, 몇 대손쯤 되겠지

모든 생명엔 뿌리가 있다
벼, 국화, 억새, 개망초, 엉겅퀴, 칡…
그 뿌리들은
손톱만 한 것도,
언덕 하나를 덮는 것도 있다
그 크기와 힘은 천지차이

글에도 뿌리가 있다
나는 내 글의 뿌리를 생각한다
아직은
엄지손톱만큼 겨우 내린 뿌리
작은 바람에도 흔들리고

짧은 호우에도 뽑혀나갈 만큼 약하다

이제 나는 조심스레
그 글뿌리에 빛을 주려 한다
양분을 주고
긴 인내로 기다리려 한다

똑닮은 딸

울 엄마는
거짓말 못하는 병에 걸렸다.
내 기억 속
그 어떤 순간에도
하얀 거짓말 한마디
내게 건넨 적 없었다.

울 엄마는
잔인할 만큼 샤르트르를 닮았다.
언제나 차갑게,
모든 선택과 결과는
스스로 책임지라 했다.

그런 엄마가 미웠다.
사실은
엄마의 따뜻한 위로가
필요했을 뿐이었다.

고리 뜯듯 엄마의 지갑을 축내고,
흡혈귀처럼 피를 빨며,

동화 속 마녀처럼
엄마에게 마법을 걸었다.

이제 늙고 병든 엄마 곁을
지키는 나,
엄마의 똑닮은 딸.

엄마를 향해 소리친다.
"결과에 스스로 책임지라"고.

자화자찬

누군가는
겸손이 힘들다 하고
누군가는
압도적인 재미와 귀여움을 말한다

나 역시 그랬었다
내 능력을 스스로 칭찬하며
사람들 사이에서
양념처럼, 한 번씩 자신감을 뿌려대곤 했다

그런데 누구도 반박하지 않았고
누구도 밉다 하지 않았으며
그저 인정해 주는 사람들 속에서
나는 그대로 살아 있었다

생각해보면
그건 얼마나 큰 행복인가

절대적인 자신감
누구도 대신할 수 없는

타인 속에서의 내 존재감을 확인하는 일

그것은
자만도, 오만도 아니다
단지
나를 사랑할 줄 아는 이유 하나일 뿐이다

잡념

나는 때때로 생각한다.

만약 눈을 잃는다면
감는 그 짧은 순간에도
불편함보다 먼저 떠오르는 건 공포다.
세상은 여전히
저마다의 소리를 흘려보낼 텐데
나는 그 한가운데서
아무것도 할 수 없을 것만 같다.

또, 귀를 잃는다면
모든 소리가 꺼지는 그 찰나
심장은 제멋대로 뛰어오를 것이다.
눈으로는 세상을 또렷이 본다 해도
소리 없는 악몽 속에
갇혀버린 사람처럼
문도 없는 어둠만 더듬게 되겠지.

하지만 나는
잘 보고,

더 잘 듣는다.

그러나 왜
두려움은 사라지지 않고
무서움은 이름도 없이 자라나
이 환한 길 한가운데에서
나를 이렇게 멈춰 세우는가.

병원

나는 병원이 싫다
하얀 페인트로 덧칠된 건물,
그 차갑고 무정한 벽을 보기만 해도
등골이 서늘해진다.

알코올과 소독약의 냄새,
한 모금 들이키는 순간
머릿속이 지끈거린다.

말수 적은 의사,
주름 깊게 팬 얼굴,
때 묻은 흰 가운만 마주해도
이상하게 혈압이 오른다.

가끔 EKG 모니터 경보음이
귀를 찢듯 울려대면
출근 전부터 심장이 불안에 떨린다.

이곳의 사람들,
처음에는 완치를 꿈꾸었고

잠시의 호전에 기뻐했었다.
하지만 시간이 길어질수록
가슴 한켠에 불신이 응어리져
오늘도 서로를 향해
으르렁대며
탓할 누군가를 찾는다.

배운 게 이 일이라
지금도 나는 이곳에서 일하지만
아이러니하게도
나는, 이런 병원이
질리도록 싫다.

인간 인증

머리 검은 짐승은
거두지 말라 했다
감사할 줄 모르는 사람은
개·돼지보다 못하다 했다

내 어린 시절
어머니는
날 세뇌하듯
그 말을 되뇌곤 했다

인간성에도
저울이 있다면

한 줌 온정에도
평생을 감사하는 사람,
끝없는 배려 속에서도
더 큰 예우를 요구하는 사람

열 길 물속은 알아도
한 길 사람 속은 모른다지

사람에게도
인증 제도가 있다면
KS마크 하나쯤 달아놓을 수 있다면
쭉정이들은 쉽게 걸러져

이 고단한 인간 세상
조금은 덜 피곤할까

분리불안

내 딸아이
영민해서일까

아기 적부터
세상의 질서를 알아버린 듯
돈을 벌어야만
살아남는 법을 깨달은 듯
일하는 부모 품에
한 번도 매달리지 않았다

스무 살
성인이 된 딸

엄마,
바람 쐬러 제주 좀 다녀올게
친구랑 일본 여행 가기로 했어
하얼빈도 가볼까 해

언젠가부터
여행을 허락이 아닌 통보로 말하는 순간부터
분리불안은

내 몫이 되었다

그 말을 듣는 순간
숨이 턱 막히고
심장은 미친 듯 고동친다

무서운 세상 한가운데
홀로 내던져질 딸을 생각하며
백만 가지 최악의 상상을 한다
혹여나
혹여나
그 두 글자만 입안 가득 차오른다

그래서 나는
여행을 막을 기발한 핑계를
밤새 궁리하며
다 커버린 딸아이를
여전히
손바닥 안에 쥐고 놓지 못한다

이것은
딸의 분리불안이 아니라
지독한
엄마의 분리불안이다

비 오는 밤

그래, 내려라
내릴 테면 내려라

너는 내게
무엇을 내줄 것인가

해진 우산 아래
팔꿈치와 바짓단에
언제나 스며드는
너의 차가운 흔적

그래서
너는 내게
아무것도 아니다

그래, 내려라
쏟을 테면 쏟아라
시원하게 쏟아부어라

내 안의 고뇌와

더덕더덕 붙어 기생하는
쓸모없는 잡념들
모두 쓸어가라

그러면
나는 기꺼이
너를 사랑하겠다

이 밤
네가 스치는 바람에
네가 들려주는 소리에
나는 또
잠을 잃는다

꼰대

얘들아,
퍼스널 컬러?
향수 블렌딩?
다 필요 없다.
그건 배부른 소리다.

몸을 옷에 맞추고
표정을 색에 맞추지 말아라.

걸레를 걸쳐도
명품처럼 보이게 하는 것,
어떤 향도
내 체취와 섞여
꽃이 되게 하는 것—

그게 바로 힘이다.

젊음을 입어라.
청춘의 향기로
너희는 이미

그대로
아름답다.

파란

외줄타기 곡예사
그가 손에 긴 장대를 들든
작은 부채 하나를 들든
날 선 외줄 위는 매한가지다

사람들은 심장 쫄깃, 숨 죽이며 지켜보고
그의 묘기에 매료되어
박수와 갈채를 쏟아내지만
나는 그 삶의 아픔에 전율한다

분명 그는 전생에 유배자였으리라
세간 어느 한곳에도
안주하지 못하고 마음 주지 못하는
서슬 퍼런 힘에
약한 고리로 잘려나간
그런 비운의 유배자

그 이유로
오늘도
저리도 불안한 길 한가운데
서 있는 것이리라

첫사랑

돌아보기만 해도
가슴이 몽글몽글 부풀고
말랑말랑한 떨림이
살며시 번져 오는 것

생각만 해도
입꼬리가 저절로 피어 오르고
자꾸만
고운 말들로 마음이 채워지는 것

누구에게나 한 번쯤은 있었겠지
떨리는 손끝으로
꽃잎 위에 몰래 새겨 두었던 이름 하나

가슴 깊숙한 어딘가
지금도 은은히 따뜻하게 남아
영원히 지워지지 않는
첫사랑의 기억

도시의 밤

도시의 밤은
젖은 아스팔트 속에 배어
묘하게도 그와 닮아 있다

여기저기 불 꺼진 간판들
오래된 선술집 창가에
낡은 홍등만 바람에 흔들리고

오지 않는 발걸음을 기다리듯
편의점 불빛만 외로이 서 있다

간간이 빈 차 등 켜고
택시가 순찰하듯 어슬렁 지나가면

이슬 머금은 놀이터에
무용해진 그네와 시소,
페인트 벗겨진 구름다리만 남아

이 고요한 풍경들이
왜 이렇게도 가슴을 아리게 하는가

설거지

네 살배기 딸아이의
유치원 도시락을
흐르는 물에
씻고 또 씻고
오래오래 닦는
내 모습을

말없이
물끄러미 바라보던 아이가
불쑥 내뱉은 한마디

"우리 엄마는
나를 너~무 사랑해.
그래서 이렇게
깨끗하게 씻어주는 거지?"

그 순간
내 두 손 위로 쏟아진 물이
눈물인지
수돗물인지
분간할 수 없었다

결핍

허기진 배를 채우고
또 채워도
텅 빈 허기는 채워지지 않는다

나는
시를 쓰고 싶다

윤동주의 서시처럼
단 한 편,
내가 살아 있음의 증표 같은 시가 있다면
이렇게까지
허기져 말라 비틀어지진 않았으리

걷는 걸음마다
단어들이 발끝에 걸려
툭, 튀어오르고

겨울이 오는 서늘한 기운 속에서도
사람들의 무심한 대화 사이에서도
불쑥불쑥

단어들이 솟구친다

그리고
내 귀에 속삭인다

어서, 어서
나를 꺼내
너의 결핍을 채우라고

비밀번호

일상 속 비밀번호들이
치밀하게
내 세계를 침투해
서서히
내 목을 조여온다

숫자·문자·특수기호
가는 곳마다
저마다의 방식으로
날 조롱하듯 비웃는다

나는
어제 발 담근 그 바닷물을
다시 찾지 못하듯
비밀번호로 잠가둔
내 흔적을 되짚기가 점점 두렵다

다시
찾아 헤맬 때마다
그 놈은

더 진화한 얼굴로
날 시험한다

내가 나임을 증명하라니
그저 늙은 게
죄인가 보다

적자생존

나는 소시민이다
그 이름은
마치 태고적부터
내 등에 새겨진 문신처럼
단단히 굳어
지워질 줄 모른다

치열한 적자생존의 세상
사람들은
본능처럼
중간값에 줄을 선다
그 값이
삶의 크기와
존재의 등급이 되기에

하지만
나는
기본값에도 미치지 못하는 소시민
중간값은
그저 고개 들어 바라볼 뿐

나와 같은 이들
우리는
우연히도
같은 자리에 모여
각자도생할 수밖에 없는
슬픈 동지들

기억의 초상

나의 어린 시절,
기억이 머물던
운동장의 등나무 벤치.

그 시절,
그 덩굴 식물이
왜 그리도 신기하던지.

빛을 가려
그늘을 드리우는 일쯤은
대수롭지 않았지만,

푸른 줄기가
공중을 날듯 떠 있는것이
마치 뿌리가 없는 식물 같아

보라빛 꽃이
주렁주렁 매달리던 날이면
생화라는 사실 마저
믿기지 않아

누가 볼까 조심조심
손끝으로 만져보고
향을 맡아 보면서도
눈을 의심했었다.

그 어린 시절,
나는 마술사의 트릭이라도
파헤치듯
한동안
등나무의 신비에 몰두했다.

그 시절엔
그렇게,
열정이 있었다.

소망

널 보는
내 눈이
너의 눈이었다면

널 듣는
내 귀가
너의 귀였다면

널 말하는
내 입이
너의 입이었다면

널 품은
내 마음이
너의 마음이었다면

그렇게
네가
나였다면

비밀

그것은
꽁꽁 숨길수록
신비의 옷을 입고
의로운 호기심을 낳지

하지만
바늘구멍 하나로도
속살은 더럽혀지고
수많은 억측을 품어
발 없이 천리를 달린다

그것은
태어나지 말았어야 했다
처음부터
내 것이 아니었던 것처럼

아기 목욕 시간

아가야
목욕하자

미리 켜둔 난방 덕에
방 안 공기가 훈훈하고

뽀송한 수건과
갈아입힐 새 옷도 준비했지

목욕물도 이제
따뜻하다

네 눈가에
작은 눈곱이 붙어 있어도
입가에
우유빛이 흘러 있어도

보석 같은 우리 아기
목욕 시간은
언제나 성스러운 의식이다

아가야
너는 작은 들국화를 닮았다
네게선
향기 나는 크레파스 내음이 난다

어린 날
부잣집 아이의
향기 나는 크레파스가
그토록 부러웠을까

기억 저편에
오래 남아 있던
그 향기

이젠
부러울 게 없다
네가 있어서

회상

과거를 돌아보면
어김없이 떠오르는 그 시절은
기억의 오류도,
기억의 조작도 아닌
내 마음 속
기억의 온전한 감상이다.

수줍던 첫사랑의 수학 선생님
마음을 열어 긴 대화를 나누었던
체육 선생님
낡은 라디오처럼
팝송을 가르쳐 주시던
그 영어 선생님까지.

꿈꾸던 소녀는
그 자리 그대로 빛나고 있고,
그 시절의 소중한 사람들은
아직도 내 기억 속에
변함없이 남아 있다.

그래서일까.

나의 회상은

늘 같은 시간으로 돌아가는

조용한 재방송이다.

결자해지

풀어야 할 매듭을
끝내 풀지 못하는 일은

가슴 속에 남은 숙제처럼
답답함을 키우고
아무리 기를 써도
제자리 걸음만 반복된다

그럴수록
불안과 초조는 틈새를 파고들고
매듭은 잔인하게
암세포처럼 번져
온몸의 순환을 끊어 놓는다

마침내
피딱지처럼 굳어
가느다란 모세혈관 하나까지
틀어막고 만다

기억해야 한다
오늘의 문제는
내일을 병들게 한다는 것을

풀 수 없다면
숙명처럼 매단 그 매듭을
예리한 칼로
과연果然 잘라내야 한다는 것을

나를 사랑하는 일

나를 사랑하는 일,
그것은 얼마나 큰 용기가 필요한가.

늘 용기가 없던 나는
선택의 순간마다
보이지 않는 작은 위험조차 피하고 싶어
늘 하향의 길을 택했다.

그리고는
가 닿지 못한 곳에 대한 아쉬움,
어리석은 선택을 한 스스로에 대한 원망 속에서
불만과 후회로
비참한 날들을 견뎌야 했다.

그러던 어느 날,
30년 만에 다시 만난 친구는
여전히 코스모스처럼 여린 몸으로
가족들과 함께 마라톤을 달리고 있었다.

그 순간,

내 모습이 얼마나 부끄러운지-

아무것도 하지 않으면

아무 일도 일어나지 않는다는 사실이

가슴을 세게 때렸다.

친구야, 고맙다.

너 덕분에

내 안에서도 작은 용기가 꿈틀거린다.

비로소

나 자신을 조금씩

사랑할 수 있을 것 같다.

소원

내가 바라는 건
로또 대박도
세계 일주도
파이어족의 삶도 아니다

내가 바라는 건
삼성동 아이파크도
롤스로이스도
에르메스 백도 아니다

어느 한순간도
그런 욕망들을
내 꿈에 들여놓은 적이 없다

단지
내가
진심으로 바라는 것은
진심으로 원하는 것은

식탁 위
작은 화병에
꽃 몇 송이 놓여 있는 것처럼

그저
그만큼의
소소한 평안이었다

길

나는 길치다.
휴대폰엔 길찾기 어플이 있고
자동차엔 실시간 교통을 알려주는
친절한 네비게이션까지 있는데
나는 이상하게도
어디서든 길을 잃는다.

그래서
초행 길은 언제나
두근거림보다
두려움이 먼저 앞서는
작은 모험이다.

그런데 문득 이상하다.
내가 초행길에서
우왕좌왕 헤매고 있을 때면
어김없이
내 어깨를 톡 건드리는 사람들이 있다.
반가운 얼굴로, 다급한 목소리로,
나에게 길을 묻는다.

정작 나조차 찾지 못한 그 길을
그들도 묻고 있다.

어디에나 있었다.
길을 잃고 방황하는
나와 닮은 얼굴들.
다만 내가
너무 바쁘고, 너무 무심해
그들을 스쳐 지나쳤을 뿐이다.

길은 사실
어디에나 있다.
잠시 놓친다고 해도
결국 다시 이어지는 것일 뿐인데
사람들은 왜
그 짧은 순간
그렇게 얼어붙고 마는 걸까.

지옥

지옥은 멀리 있지 않다
오늘도
돈이 만든 지옥 한가운데
나는 서 있다

애비는
한 푼이라도 덜 주려 계산서만 뒤적이고
자식은
조금이라도 더 받으려 손만 벌린다

그 사이에서
어미는
빠듯한 장부에 허우적 거리며
과로와 스트레스의 빚을
날마다 더해 간다

덜 주어 남긴 돈으로
더 받아 챙긴 돈으로
각자 자기 안락만 껴안는 동안

단 한 번이라도
생각해 본 적 있을까
그 모든 균열을
혼자 떠안아야 했던
어미의
절망의 깊이를

무항심無恒心

그 마음,
수많은 무無 들이
겹겹이 쌓여 있는 공간.

무질서,
무신경, 무감동,
무능력, 무력감,
무중력의 허공,
무뇌,
무뢰한,
무가치라는 이름들.

이는
차마 드러내지 못해
감춰 두었던
부끄러운
내 속내의 그림자.

히키코모리

방 밖은 위험하다.
침대 하나, 책상 하나, 옷장 하나—
고작 두 평 남짓한 이곳이
지금의 나를 지키는 전부다.

그리 오래된 일도 아니다.
두려움과 절망의 뒤통수를 보이며
헐레벌떡 도망쳐 숨어든 것이.

내가 쌓은 이 성엔
햇살이 들지 않는다.
습기 먹은 이끼만
차갑게 벽을 타고 자라
아무도 초대받지 못한 이곳에
조용히 뿌리를 내렸다.

이제는
나와 함께 숨 쉬고,
나와 함께 오래 버티는
이 성의 유일한 생명체가 되었다.

층간 소음

이제와
사람들은
타인의 평온과 안정,
그 작은 배려를
기억하지 못한다.

오직
자신의 권리만을 떠올리는
기억상실증 환자들처럼.

기억의 선이
끊어지면
소음이 생기고,
소음은 곧 마찰이 되어
끝내
서로를 향해 날을 세운다.

언제쯤
신약이 나와
그들의

잃어버린 기억을

되돌려 줄까.

무게

너의 무게를
곰곰이 생각해 본 적이 있는가

그것은
매일 아침 체중계 위에 찍히는
그 덧없는 숫자가 아니다

사람들은
자신이 짊어진 삶의 짐을
곧 너의 무게인 듯
가볍게 오해하곤 한다

잘 들어라

너의 무게란
네가 가진 이미지,
네 가장자리를 이루는 엣지와 스웩,
그리고 말없이 사람을 끌어당기는
조용한 카리스마다

오늘은

너의 무게가

어디에서 비롯되는지

한 번 천천히 들여다보렴

가지치기

나는 원예기능사,
최고의 정원 관리사다.

내 일의 백미는
누가 뭐래도 가지치기.
내가 잠시 게을리하면
바람 부는 대로, 볕 드는 대로
나무는 제멋대로 뻗어간다.

그래서 가지치기로
늘 바쁜 손놀림
보아라
내 손을 거친 나무들이
얼마나 단정하고 기품이 있는지

나는 원예기능사,
최고의 정원 관리사.

그런데
내가 그 최고의 명함을 만드는 동안

내 아이는 훌쩍 커 있었다.

내 손길이 닿지 않는 곳에서
가장의 볕이 들지 않아
그늘진 얼굴로
제멋대로 자라 있었다.

나는 정원의 가지는
기품 있게 다듬어 왔지만
정작
내 삶의 가장 중요한 가지가
이렇게 어둡게 뻗어가고 있었음을
뒤늦게야 알아 차렸다

후회

저기,
내가 타야 할 차가 보인다.
숨도 아끼지 못한 채
전력질주로 내달린다.

하지만
헐떡이는 내 숨소리에게 미안하게도
그 차는
늘 내 눈 앞에서 문을 닫는다.

그냥 뛰지 말걸.
놓아주는 마음으로,
금방 올 다음 차를
그냥 기다릴걸.

이 후회,
이 잦은 후회가
나를 이렇게
작아지게 만든다.

다짐

실패하지 않기 위해
시작하지 않는 것처럼
상처 받지 않기 위해
사랑하지 않는다

내 부족한 열등감과
내 용기 없는 두려움에
기회마저 빼앗겼으니

그래서 나는
사랑을
단 한순간도
허락하지 않았다

안전불감증

지하철을 타고 있는
수많은 사람들
열에 아홉은 무선 이어폰을 끼고
핸드폰 불빛을 바라본다
그 나머지는
잠시 눈을 감거나
책 한 줄을 훑고 있을 뿐

아무도
이 열차에
불이 날 수도,
뒤집힐 수도 있다는 상상을 하지 않는다

앉아 있든 서 있든
그 표정 속엔
고단함이 엉겨붙어
오직
빨리 목적지에 닿기만을 바라는
하나의 마음만 남아 있다

이렇게
지친 하루들이
우리의 경계를
조용히
무디게 만든다

편

같은 색을 마주한 순간
차곡차곡 쌓아 올리던
의심의 경계가
와르르 무너진다.

유유상종,
근묵자흑,
초록은 동색이라 했다.

누군가의 사상,
누군가의 이념,
누군가의 가치를
색 하나로 칠하는 순간부터

우리는
적과 동지를 쉽게 나누고
편을 먹고
편을 갈라
끝없는 싸움을 시작한다.

색은
본래 빛의 조각일 뿐인데
사람들은
그 빛을 깃발처럼 흔들며
서로를 향해
날을 세운다.

장마

참
지루한 장마다

내 몸은
병든 닭처럼 비실비실
어느새
침대와 쇼파에 들러붙은
축축한 연체동물이 되어
초점 잃은 두 눈만
끔벅끔벅 뜨고 있다

긴 빗소리에
내 청력은 고장 난 듯
세상의 모든 소음이
빗소리 하나로
뭉뚱그려 들리고

잠시 해가 반짝
기분 좋아
차려입고 나선 나

영락없이

또 비에 젖는다

투정

나는 유리 멘탈
깨지기 쉬운 작품
사람들의 차가운 시선에
쉽사리 금이 가고
용기도 끈기도 모자라
늘 포기를 달고 산다

나는 외모 정병
세상엔 아이돌이 너무 많아
거울 앞에 선 나는
아침마다
스스로에게
낙제 점수를 매긴다

참다 참다
사흘에 한 번씩
엄마를 향해 소리친다
나를 왜 이렇게 낳았느냐고

그 무의미하고
불필요한 질문 하나가
내 머릿속에서
사라지지 못한 채
아프게
메아리 친다

가스라이팅

나약하고
우유부단한
나의 성정이
불쏘시개가 되었던가

조급하고
불안정한
내 심리가
병약의 밑불이 되었던가

기민함이 빠져나간 자리에는
논리를 잃은
빈 판단력만 남았고

그 틈을 파고든 말들에
나는 조금씩
기울고 비틀려

결국
길들이기 쉬운
하나의 인형이 되었다

그때가 좋았지

네잎 클로버에 행운을 담고
천 개의 종이학에 사랑을 싣던
그런 유치한 부적 같은,
낡은 믿음과 순수함이 있던
그때가 좋았지.

사건을 조작해
사람들을 나락행 열차에 태우고,
거짓 뉴스 하나로
세상을 단숨에 뒤집을 수도 있다는 것—

그 사실을,
그 믿기 힘든 사실을
아무것도 모른 채
그저 천진하게 살던
그때가 참으로 좋았다.

나이

달력의 숫자는
시작이 끝이고
끝이 다시 시작이다

시간은
그렇게 돌고 돌아
우리에겐
나이테를 새긴다

주름으로 위장한
그 나이테는
한 겹, 한 겹
고요히 쌓여

마침내
하나의
역사가 된다

틈

생각해 본 적이 있는가
틈이 갖는 힘,
그 미세한 틈새가 지닌
무서운 위력을.

머리카락 한 올 지나갈 만큼
작은 틈이라도
거대한 바위를 갈라놓고
끝내 산을 무너뜨린다.

어떤 완벽한 결속도
틈은 비집고 스며들어
조금씩 흔들고
마침내 붕괴를 부른다.

그래서
우리 사이에도 틈이 생기지 않도록
단단히,
정성스레
미장해 두어야 한다.

향수

조용히
그 언젠가를 떠올리면
나는 동네 할배가 몰던
달구지에 올라 있다

소는 느릿느릿
더덕더덕 묻은 변을 달고
커다란 엉덩이를 흔들며 걷고

어디선가 몰려온 파리 떼가
소의 다리를 휘감으면
소는 육중한 꼬리를
부지런히 휘둘러
그것들을 쫓아낸다
그 모습을 지켜 보는게
어찌나 재미있는지

덜컹, 덜컹
비포장 길에서
엉덩방아를 수차례 찧으며

비명처럼 "악!" 소리를 내도
웃음이 먼저 터지던
그 어린 날의 나

나무토막 뭉텅이를
대충 이어 만든 듯한
달구지의 투박한 몸체
그 위를 흔들리며 가는 동안에도
소는 묽은 변을
툭툭 흘리고 다녔다

지금 생각하면
안전하지도, 깨끗하지도 않은
엉성한 풍경인데

내 기억 속 그림은
왜 이렇게도
평온하고 따뜻한가

이름

부모가, 조부모가
더러는 작명소에서
몇 달을 고민해 짓고
또 더러는
몇 가마니의 곡물로 얻어낸

그렇게
시간도, 방법도
다른 사연 속에서 태어난
수많은 이름들.

어떤 이유로,
어떤 뜻을 품어
그 이름들은
각기 다른 사람들에게
점지되듯, 혹은 팔려가듯
건네지고

마침내
내 것이 되어

내 살과 붙어
평생을 함께 걸어간다.

이름은
초라하지도, 부끄럽지도 않게
그 속에 수치가 스며들지 않고
분노와 증오의 그림자조차 없이
세상에서 가장 환한 얼굴이어야 한다.

왜냐하면
이름은
누군가가 나를 부르는 소리이자
이 세상에 존재하는
나의 첫 번째 증언이기 때문이다.

에필로그

나는 시인이 아니다.
다만 시를 사랑하는 마음으로 삶을 바라보려 할 뿐이다.

혼란스러운 시대에 시가 어둡고 불안한 것은 어쩌면
당연한 일이다.
그렇기에 나는 시를 화려한 기교로 꾸미려 하지 않는다.
어려운 단어들로 겉치레를 하여 번듯해 보이게 만들고
싶은 마음도 없다.

나는 단지
내 마음의 가장 솔직한 순간들을
시라는 하나의 이미지로 옮겨 적을 뿐이다.

꾸밈없이, 담백하게.
내 안에서 울린 소리를 있는 그대로 적는다.

그리고 만약
누군가 이 작은 고백 같은 시에
한 줄의 공감이라도 내어줄 수 있다면—
그것만으로 족하다.

그것이면 충분하다.

잿더미 위에서

1판1쇄 2025년 12월 18일

저자 명미령
발행인 이경화

발행처 디자인21
주소 04560 서울특별시 중구 퇴계로 293-1 3층
전화 02-2269-6561(대)
팩스 02-2269-6568
이메일 21publish@naver.com
블로그 https://blog.naver.com/publish21
인스타 https://www.instagram.com/21publish.co.kr
홈페이지 https://21publish.co.kr

등록번호 제1-1128호
등록일자 1991.2.12

ISBN 978-89-6131-200-4 03810

정가 13,000원